1ª edição
2.000 exemplares
Novembro/2019

© 2019 by Boa Nova

Capa e projeto gráfico
Juliana Mollinari

Diagramação
Juliana Mollinari

Revisão
Alessandra Miranda de Sá

Assistente editorial
Ana Maria Rael Gambarini

Coordenação Editorial
Ronaldo A. Sperdutti

Impressão
Gráfica Loyola

Todos os direitos reservados.
Nenhuma parte desta obra pode ser reproduzida ou
transmitida por qualquer forma e/ou quaisquer meios
(eletrônico ou mecânico, incluindo fotocópia e
gravação) ou arquivada em qualquer sistema ou
banco de dados sem permissão escrita da Editora.

O produto da venda desta obra é destinado à
manutenção das atividades assistenciais da
Sociedade Espírita Boa Nova, de Catanduva, SP.

1ª edição: Novembro de 2019 - 2.000 exemplares

PROSPERIDADE INTEGRAL

COM EXERCÍCIOS PRÁTICOS EM 42 DIAS

HUMBERTO PAZIAN

Av. Porto Ferreira, 1.031 | Parque Iracema
Catanduva/SP | CEP 15809-020
www.boanova.net | boanova@boanova.net
Fone: (17) 3531-4444

Dados Internacionais de Catalogação na Publicação (CIP)
(Câmara Brasileira do Livro, SP, Brasil)

Pazian, Humberto
    Prosperidade integral : com exercícios práticos
em 42 dias / Humberto Pazian. -- Catanduva, SP :
Butterfley Editora, 2019.

    ISBN 978-85-68674-16-1

    1. Conduta de vida 2. Espiritualidade
3. Exercícios espirituais 4. Hábitos - Mudança
5. Prosperidade I. Título.

19-31103   CDD-133

Índices para catálogo sistemático:

1. Conduta de vida : Prosperidade : Vida espiritual
    133

Maria Alice Ferreira - Bibliotecária - CRB-8/7964

SUMÁRIO

Prefácio 9
Explicações sobre o livro 11

PARTE 1

A prosperidade espiritual 15
A prosperidade material 17
O dinheiro 21
A corrente positiva do dinheiro 25
Aonde você quer chegar 29
Visualização e criação mental 33
O poder das afirmações 37
Não seja egoísta 41
Exercício prático em 42 dias 43
A prática 45
Praticando em grupo 49
A quem doar 51
O símbolo 53
Mudando para melhor 57

PARTE 2

1. O objetivo 64
2. Não tenha medo 66
3. Só comente coisas positivas 68
4. Limpeza 70
5. Sorria 72
6. Viva já o que você deseja 74
7. O trabalho 78
8. Não se irrite 80
9. Tenha uma religião 82
10. Partilhe seus bens 84
11. Descanse 86
12. É dando que receberemos 88
13. Seja grato 90
14. Aprenda com os tropeços 92
15. Boas leituras 94
16. Problemas 96
17. Indecisão 98
18. Reflexão 100
19. Curta-se 102
20. Quebre a rotina 104
21. Ame 106
22. Dê sem pedir recompensa 108

23. Acredite no bem 110
24. Não crie desgraças..................... 112
25. Faça uma boa ação.................... 114
26. Saiba andar 116
27. Saiba ver................................... 118
28. Saiba ouvir................................ 120
29. A palavra 122
30. Relacionamentos...................... 124
31. Autoconfiança........................... 126
32. Esqueça o passado................... 128
33. Seja saudável 130
34. Use o melhor 132
35. Saiba aonde quer chegar 134
36. Perdoe...................................... 136
37. Não se deixe afetar 138
38. Críticas 140
39. Perseverança 142
40. Não gaste mais do que ganha... 144
41. A força do pensamento 146
42. Seja feliz................................... 148

Quadro de prática............................ 151

PREFÁCIO

CRISE: VOCÊ sabe onde ela reside? Em sua conta bancária? Em seu trabalho? Em sua casa? Em seus projetos? Em seu país? No mundo?

Talvez você a veja em um desses lugares, mas na realidade ela não se encontra em nenhum deles; ela só pode viver em um local no qual seja alimentada constantemente, onde tenha abrigo e se sinta à vontade; e esse local, acredite, fica em sua mente!

Se anda descontente com sua vida, ou está acomodado com ela, mas sente que poderia viver bem melhor, com mais saúde, mais alegria, mais felicidade, enfim, com mais prosperidade, saiba que a partir de agora tudo isso poderá ser alcançado, basta apenas que deseje e acredite.

Se quiser, você pode prosperar, e muito; é preciso apenas mudar alguns hábitos mentais e expulsar a crise e a negatividade de sua vida de uma vez por todas.

Este livro vai funcionar como um roteiro, um manual, que poderá ser utilizado sempre que quiser reforçar e fortalecer a prosperidade em sua vida.

Milhares de pessoas já se utilizaram dessas técnicas e conseguiram realizar seus sonhos, mudando radicalmente sua forma de pensar e viver, trazendo paz e harmonia para suas vidas.

O exercício proposto neste trabalho tem sido um manual de prosperidade material e espiritual para muitas pessoas, e agora, finalmente, chegou a sua vez! Acredite, exercite a prática proposta e vá em frente.

EXPLICAÇÕES SOBRE O LIVRO

SE VOCÊ resolveu ler esta obra, conclui-se que deseja melhorar sua vida em alguns aspectos, o que é muito importante, pois várias pessoas, embora descontentes com tudo o que as envolve ou insatisfeitas com a forma como estão vivendo, nada fazem, acomodam-se e deixam a existência passar, relegando momentos preciosos e felizes que poderiam ter se acrescentassem um pouco de entusiasmo e motivação a seus dias.

Diversos livros têm sido publicados no decorrer dos anos tentando mostrar fórmulas que nos ajudem a viver bem. Acreditamos que a leitura de um grande número deles fará com que cada vez mais tenhamos opções ao decidir nossos caminhos, mas o que acontece muitas vezes é que lemos e aprendemos bastante, porém quase nada disso colocamos em prática. Daí nos referirmos a nosso trabalho como "prática" da prosperidade integral.

Nesta obra, você encontrará, na Parte 1, explicações a respeito da prosperidade integral para refletir, ponderar e mudar seus hábitos mentais. Na Parte 2, terá um exercício prático a ser realizado em 42 dias, durante os quais sentirá imediatamente que fatos muito positivos e prósperos lhe ocorrerão.

Não comece o exercício antes de ter concluída a leitura da primeira parte e refletido sobre os conceitos nela apresentados. Não tenha pressa, mas apenas a certeza de que a prosperidade, desta vez, veio para ficar.

PARTE 1

A PROSPERIDADE ESPIRITUAL

PARECE ESTRANHO, não é mesmo? Mas prosperidade pode ser entendida também como felicidade, êxtase, bem-aventurança, júbilo, satisfação, e não é isso que procuramos ou deveríamos sentir em nosso íntimo?

Não há nada de errado em sermos prósperos financeiramente falando, e disso trataremos no próximo capítulo, mas muitos acreditam que ser próspero significa somente ter dinheiro, e não é só isso – é termos qualidade de vida, bons relacionamentos com todos à nossa volta, boa saúde, viver conscientes do momento presente com alegria e plenitude, em diversos níveis de felicidade. A isso chamamos prosperidade integral, e é a esse estado

de espírito que essa obra pretende enca-
minhá-lo, bastando para isso ter olhos que
"vejam".

Há, infelizmente, diversas crenças ou
padrões mentais adquiridos ao longo da
vida que ditam nossa maneira de pensar
e ser, e muitos deles estão relacionados
em aceitar de forma passiva a situação
aflitiva ou pesarosa em que porventura es-
tejamos. Talvez seja o momento de refletir
um pouco sobre isso e quem sabe rever
essas crenças e transmutá-las em algo útil,
correto e positivo em nossas vidas. Vamos
refletir sobre isso?

A PROSPERIDADE MATERIAL

MUITAS PESSOAS confundem pobreza com virtude, mas, se analisarmos friamente o assunto, observaremos que onde há falta de dinheiro provavelmente existirá uma grande dificuldade de acesso a boa educação, cultura, vida saudável, condições de higiene e de lazer, além de várias outras coisas.

Desejarmos e termos prosperidade em nossa vida não é errado, muito menos "pecado", como erroneamente alguns pensam. Se observarmos a natureza, da qual, aliás, fazemos parte, verificaremos que, se não houver abusos ou negligência humana, haverá abundância em tudo. Semeando na hora certa, e de maneira correta, colheremos sempre diversos e bons frutos.

Se a pobreza e a falta de recursos fossem um caminho para a felicidade, como acreditam muitos, como ficaria o progresso sem as verbas necessárias para estudos e pesquisas, e suas consequentes inovações tecnológicas, voltados para o bem-estar e progresso geral do ser humano e do planeta?

E quanto a nossa família? Você não gostaria de pagar uma boa universidade para seus filhos, ou poder viajar e descansar junto com os seus, sem preocupar-se com as despesas ou as dívidas que teria de pagar após seu regresso?

É verdade que vários místicos, filósofos, religiosos e mestres do passado viveram sem muitos recursos. Mas como viveriam hoje, com toda a tecnologia existente no planeta? Fariam grandes viagens pelos continentes a pé, como antes, ou aproveitariam o concurso de modernas e rápidas máquinas voadoras? Fariam palestras em praças públicas a poucos ouvintes ou usariam os modernos meios de comunicação, ampliando o poder de suas mensagens?

E, para isso, não seria necessária alguma soma em dinheiro? Mesmo que esses trabalhos fossem patrocinados por grupos filantrópicos, também estes não necessitariam de recursos para tal empreendimento?

Os tempos mudaram, o mundo mudou e continua a mudar constantemente. Mas e quanto aos seus padrões e conceitos: também estão mudando?

O DINHEIRO

NO COMEÇO da nossa civilização, os indivíduos faziam trocas de mercadorias para adquirirem os bens ou produtos de que necessitavam. Com o tempo, essa forma de comércio foi se tornando cada vez menos praticável, pois imaginem se alguém que criasse camelos os levasse a um mercado onde eram realizadas essas barganhas e tentasse trocá-los por agulhas. Qual seria o parâmetro dessa negociação, ou quantas agulhas valeriam um camelo e vice-versa?

De maneira bem simples, estamos tentando demonstrar como se tornou necessária, no passado, a criação de algo que representasse ou possuísse algum valor, facilitando assim as trocas ou aquisições de mercadorias.

Por isso, alguém, no passado muito remoto, inventou a moeda.

As moedas possuíam um valor intrínseco, ou seja, eram de ouro, bronze e prata, e passaram a ser o meio pelo qual as pessoas adquiriam bens ou pagavam pelos serviços de que necessitavam.

Grandes quantidades de moedas eram acumuladas pelas pessoas, que ou as escondiam ou as carregavam consigo em suas viagens.

Com o passar do tempo, começou a se tornar perigoso andar com esse tesouro, pois, naquela época, também havia roubos e furtos, além de as viagens aos povoados ou mercados serem feitas a pé, ou com a ajuda de rudes animais, necessários para carregar o peso excessivo das moedas, o que facilitava em muito o assédio de salteadores.

Surgiu então, devido a essa necessidade, o papel-moeda ou dinheiro, com algumas alterações com relação à forma como o conhecemos hoje. E, para que esse papel-moeda fosse guardado em local seguro, surgiram também as primeiras instituições financeiras.

O papel-moeda passou a ser, então, um meio de pagamento ou de trocas, e, por ser dotado de um valor nominal, por meio de cunhagem, estava em condições de ser utilizado pelas pessoas, que depositavam seus tesouros nessas instituições devidamente legalizadas pelos órgãos oficiais e recebiam em troca o papel-moeda no seu valor correspondente.

Essa história daria um livro à parte, mas esse simples resumo é só para concluirmos que o dinheiro, portanto, não foi criado por nenhum anjo ou demônio e, sim, pelo próprio homem, para satisfazer a suas necessidades evolutivas, ou seja, não é bom nem mau, é apenas dinheiro. O que fizermos dele, ou o que fizermos para tê-lo, é que o fará ser um bom ou mau instrumento em nossa vida ou na dos outros. Esse é o receio das religiões: que o homem se perca pela má utilização do dinheiro e por sua valorização acima dos bens espirituais; no entanto, desejamos que não seja esse seu caso e que o dinheiro seja uma bênção em suas mãos.

A CORRENTE POSITIVA DO DINHEIRO

COM O GRANDE avanço tecnológico e, atualmente, com o surgimento da internet, o "mercado" tornou-se global e muito mais cômodo. Podemos adquirir qualquer bem que estiver dentro de nossas possibilidades financeiras, em qualquer parte do planeta.

Quando compramos algo, seja por meio de computador, de telefone, ou simplesmente indo a uma loja ou a um mercado, desencadeamos um processo no qual muitas pessoas são envolvidas.

Usemos um exemplo bem simples: quando compramos uma caixa de fósforos, estamos adquirindo o produto final do trabalho de uma série de pessoas.

Vejamos: alguém plantou uma árvore. Esta, depois de cortada e transportada por uma máquina até uma madeireira, foi vendida a uma fábrica, que a cortou em diversos palitos, dotou cada um destes do produto que, por meio da fricção, é possível acender, montou as embalagens e colocou a cargo de uma empresa fazer a distribuição aos estabelecimentos que atendam ao público em geral.

Agora, pare e pense. Desde o início do processo, quantas pessoas foram envolvidas até a caixa de fósforos chegar em nossas mãos? Se pensarmos que cada trabalhador envolvido nesse processo tem família, multiplicaremos ainda mais os envolvidos.

Só citamos um produto, mas quantos não existem que utilizamos diariamente? Se visualizarmos, a cada nova aquisição que fizermos, que estamos colaborando com o trabalho e a manutenção de um grande número de pessoas, pensaremos no dinheiro com muito mais carinho e libertaremos a energia poderosa que nele existe.

Da mesma maneira, se formos avarentos, ou seja, acumularmos o dinheiro apenas por acumular, não permitindo que essa energia positiva circule, aí sim transformaremos o dinheiro em nosso senhor, e essa energia estagnada, com certeza, não nos fará bem.

Não queremos dizer que não devemos poupar ou ter nossas reservas, mas você deve saber muito bem a diferença entre poupar e ser avarento.

Não precisamos também comprar tudo o que virmos a nossa frente, mas, sim, quando adquirirmos algo, que não o façamos com dó em relação ao que estaremos gastando, e sim com alegria e desprendimento, na certeza de que, com nosso ato, faremos a energia positiva do dinheiro circular, auxiliando direta e indiretamente a muitas pessoas.

AONDE VOCÊ QUER CHEGAR

EMBORA TODOS DESEJEM tê-la, a ideia da prosperidade integral pode, às vezes, ficar vaga em nossa mente.

Antes de começarmos este novo processo, que é o de sermos prósperos de uma vez por todas, é importante fixarmos objetivos e metas que queiramos alcançar.

Analise o que é prosperidade segundo seu ponto de vista, pondere quais seriam as coisas ou acontecimentos que o fariam sentir-se mais feliz, mais saudável, mais jovem ou "realizado". Não se esqueça de que, para fazermos uma grande caminhada, necessitamos de muitos passos; portanto, apenas como sugestão, estabeleça grandes objetivos, mas determine metas intermediárias, por meio das quais possa dar

PROSPERIDADE INTEGRAL - COM EXERCÍCIOS PRÁTICOS EM 42 DIAS

seus passos rumo aos grandes objetivos de forma determinada e constante.

Saiba que poderá realizar o exercício proposto neste livro várias vezes e, a cada nova oportunidade, rever e refazer suas metas e objetivos anteriormente traçados.

Após refletir muito sobre o assunto, anote abaixo três grandes objetivos que gostaria de atingir:

1._____

2._____

3._____

Anote, agora, três metas intermediárias para atingir esses objetivos, lembrando que, a cada novo período de exercício, elas poderão ser substituídas, à medida que você for alcançando novos patamares de prosperidade.

Exemplo: Se o objetivo principal é cursar uma universidade, as metas intermediárias poderão ser alfabetizar-se, completar o curso técnico, fazer um cursinho preparatório ou, até mesmo, adquirir recursos financeiros para tal fim.

1. _____

2. _____

3._____

Não continue a leitura enquanto não preencher esses campos. Não se acanhe, escreva. Esse é o primeiro passo para a materialização de seus objetivos e, se não fosse importante, não lhe seria pedido.

Comece já a criar o seu futuro e não se preocupe se esquecer algo ou tiver um número grande de objetivos, pois Deus sabe o que é importante para todos nós. E mesmo as coisas que não tenha anotado, mas que sejam boas, poderão vir até você, graças às condições mentais prósperas e otimistas que estará criando.

VISUALIZAÇÃO
E CRIAÇÃO MENTAL

TODAS AS coisas que construímos, criamos ou adquirimos antes de se tornarem uma realidade física para nós passam primeiro por nossa mente.

Antes de adquirirmos um bem, qualquer que seja ele, o imaginamos com todas as suas qualidades e procuramos sentir também o prazer que teríamos em possuí-lo. Fazemos as nossas contas e decidimos a melhor maneira de comprá-lo. Só então efetuamos a aquisição.

O mesmo processo mental desenvolve-se quando realizamos um trabalho material. Pode ser um programa de vendas no trabalho, pode ser a composição de uma música, a redação de um artigo ou livro, a escolha de onde e como passaremos as férias, uma melhora em nosso jeito de

PROSPERIDADE INTEGRAL - COM EXERCÍCIOS PRÁTICOS EM 42 DIAS

ser e muitas outras coisas que pensamos em fazer.

Sempre tentaremos sentir, antecipadamente, o prazer e a satisfação que algo novo nos dará. A visualização, portanto, antecede todos os atos materiais, às vezes tão rapidamente, que quase não a percebemos.

E aí reside uma grande lei espiritual, comprovada por milhares de pessoas que já a testaram: quando visualizamos por um tempo determinado, com riqueza de detalhes e bastante fé, certo objetivo, irradiamos energias mentais que tendem a materializar nosso desejo.

Isso será demonstrado a você logo nos primeiros dias da prática que irá realizar, mas é necessário que "crie" mentalmente todos os objetivos e metas que anotou antes.

Se um dos seus objetivos for um carro novo, não pense como vai adquiri-lo, mas sinta como se já o tivesse, visualizando-o no tipo, modelo e cor de sua preferência. Faça como no tempo da sua infância, brinque mentalmente, imagine os detalhes:

você passeando, indo a belos lugares com seu novo carro, lavando-o; enfim, deixe sua imaginação à vontade. Quanto mais vida der a esses pensamentos, quanto mais acreditar neles, com certeza, mais próximos eles estarão de você.

O mesmo se dá se seu objetivo for com relação à sua saúde, pois a prosperidade pode também ser vista ou sentida como um corpo saudável, que lhe proporcione viver a plenitude de uma vida feliz. Nesse caso, imagine-se alegre, radiante, saudável, com o corpo que gostaria de ter e, da mesma forma, não se preocupe com o processo para adquiri-lo, pois a maneira de consegui-lo virá com o tempo, em forma de intuições e oportunidades.

O importante é ter em mente que a visualização é o fator predominante para ser criado aquilo que se deseja.

O PODER DAS AFIRMAÇÕES

SE VOCÊ observar o efeito que suas palavras exercem nas situações e pessoas à sua volta, e de uma forma geral na sua vida, com certeza irá mudar completamente sua maneira de falar e, com isso, natural-mente, sua maneira de agir.

Atente para as pessoas que estão sem-pre "de mal" com a vida. Reclamam da família, dos amigos (se é que de fato os têm), do trabalho, do governo, da chuva, do sol, enfim, não há nada para o que não tenham sempre uma reclamação ou crítica a ser feita.

Levam uma vida limitada, monótona e infeliz, aguardando sempre o pior e, mes-mo que uma coisa boa lhes aconteça, não se alegram, pois acham que algo ruim virá logo em seguida. Existem inúmeras

PROSPERIDADE INTEGRAL - COM EXERCÍCIOS PRÁTICOS EM 42 DIAS

pessoas à sua volta com características iguais a essas.

Mas, da mesma forma que "atraem" coisas e fatos negativos, por sua maneira de pensar e falar, podem tudo mudar para melhor, bastando para isso apenas criar um novo hábito, evidentemente positivo e otimista.

Se nosso jeito de pensar e agir está, de certo modo, um pouco próximo do tipo de pessoa que acabamos de analisar, e chegamos à conclusão de que podemos e devemos mudar, este é um ótimo momento para iniciarmos a nossa transformação.

A princípio poderá parecer difícil, pelo hábito pessimista adquirido ao longo dos anos, mas uma boa e fácil maneira de iniciarmos esse nosso novo processo é fazermos afirmações verbais positivas constantemente.

Escreva, em uma folha de papel ou um cartão, frases que denotem o que você deseja ou o que quer ser e as repita diariamente, em intervalos regulares.

Você estará dando ordens ao seu subconsciente, e este, com o tempo, as aceitará e tornará essa nova maneira de pensar um hábito, cujos resultados você sentirá rapidamente.

Isso funciona! Dê um crédito e uma chance a você mesmo. Experimente; você não vai se arrepender.

NÃO SEJA EGOÍSTA

UMA DAS COISAS que costumam dificultar a prosperidade integral em nossa vida é o egoísmo. Sabemos que não vivemos isolados, e que todos têm mais ou menos as mesmas necessidades e os mesmos desejos.

Podemos afirmar que no geral as pessoas desejam ser felizes, saudáveis e prósperas, e também que, na natureza ou no mundo, há elementos para que tudo isso seja possível.

Por nossa vez, não só devemos desejar aos outros a prosperidade integral como também ajudá-los a obtê-la.

Nossos objetivos e metas, a princípio, podem beneficiar somente a nós, mas, à medida que vamos desenvolvendo um melhor conceito de espiritualidade, verificamos que todos dependem, direta ou indiretamente, uns dos outros.

Assim sendo, se fizermos todo o possível para ajudar nosso semelhante a prosperar, estaremos da mesma forma fazendo com que, por uma lei espiritual, conhecida como Lei do Carma ou Lei de Ação e Reação, tenhamos um retorno na mesma intensidade do nosso ato.

Existem muitas matérias reflexivas sobre esse tema em livros, artigos que poderão colaborar com sua reflexão, e diariamente recebemos inúmeras intuições e inspirações sobre a necessidade de compartilhar as dádivas que o Criador nos concede. Faça a sua parte.

EXERCÍCIO PRÁTICO EM 42 DIAS

JÁ VIMOS QUE, quando temos um objetivo em mente e o visualizamos com riqueza de detalhes, fazendo afirmações positivas e acreditando firmemente na sua realização, criamos um hábito mental que nos trará o objeto do nosso desejo.

Nesse caso, criaremos então o hábito da prosperidade integral, e é exatamente isso que a vida nos trará.

A mudança ocorrerá de dentro para fora; mudaremos nossa maneira de pensar e agir, e tudo ao redor será contagiado por essa nova energia.

Essa prática será executada em seis semanas (42 dias) porque, para que condicionemos nossa mente, é necessário realizá-la por um determinado tempo, a fim de criarmos um novo hábito mental.

Existem diversas teorias, baseadas em estudos e experimentos, dando-nos prazos apropriados para que criemos hábitos. Nossa proposta é de 42 dias, e esse prazo estabelecido (guarde bem: 42 dias) foi considerado satisfatório em exercícios feitos por inúmeras pessoas, tendo sido os objetivos propostos alcançados, comprovando-se assim sua eficiência.

A PRÁTICA

O PRIMEIRO passo a ser dado para a realização dessa prática é estarmos decididos a efetuá-la da maneira que é exposta, sem adaptações ou jeitinhos pessoais.

Existe todo um processo de energias positivas em movimento que, embora não as possamos ver, sentiremos logo de início, e qualquer mudança no processo indicado poderá desarmonizá-las.

O segundo passo será reservar alguns minutos pela manhã para essa prática. Levante mais cedo para não prejudicar seus afazeres diários, mas não deixe de fazê-lo, pois, se falhar um dia durante o período proposto (42 dias), terá de recomeçar do princípio.

O passo seguinte será escolher um valor em dinheiro, que você guardará diariamente, para ser doado no final da prática.

O valor não deve ser muito alto, a ponto de lhe fazer falta, nem tão pouco, a ponto de ser inexpressivo. Mas atente ao fato de que o valor deve ser o mesmo todos os dias, e que a prática tem 42 dias.

Arrume um envelope para guardar essas doações diárias, pois, embora o depósito deva ser diário, a doação só deverá ser feita ao término do exercício.

Na Parte 2 deste livro, você encontrará 42 temas que deverão ser lidos pela manhã e sobre os quais deverá refletir ou reler durante o dia, nos momentos que julgar convenientes ou necessários.

Há também 42 afirmações que poderão ser utilizadas, caso não tenha as próprias. O efeito e a importância dessas afirmações você já deve ter constatado pelas explicações anteriores.

Antes de começar a leitura do capítulo do dia, agradeça a Deus por algo que você já possui. A cada novo dia, agradeça por algo diferente; você ficará impressionado pela quantidade de coisas que tem a agradecer.

Resumindo, para um melhor entendimento:

1. Realize esta prática da maneira que está sendo sugerida, sem alterações de conveniência.

2. Reserve a ela alguns minutos pela manhã.

3. Comece com uma oração, agradecendo a Deus por algo que possui, alterando a cada dia o motivo do agradecimento.

4. Leia um capítulo da Parte 2 e reflita sobre ele. Se puder, anote-o ou leve-o consigo para relê-lo durante o dia.

5. Deposite no envelope a quantia previamente determinada. Lembre-se: a quantia deve ser sempre a mesma, e em dinheiro.

6. Não se esqueça das afirmações; elas devem ser repetidas diariamente.

PRATICANDO
EM GRUPO

QUANDO REUNIMOS um grupo de pessoas com o mesmo objetivo, unimos nossas forças, tanto materiais como, no nosso caso, mentais. E, quando o motivo da concentração é algo positivo, atraímos energias poderosas da natureza para todos os participantes, e isso é percebido pelo grupo.

Procure, em seu meio, amigos ou parentes que possam fazer esta prática junto com você. Quanto maior o grupo, maior a força magnética em ação.

Pode ser feita também por colegas de trabalho, pois, além de trazer a prosperidade individual, fará prosperar também a empresa para a qual trabalham, ou que contrata os seus serviços.

Os membros de um grupo de prática não devem se reunir para fazê-la. Cada um deve realizá-la no próprio lar ou escritório, desde que seja na parte da manhã e todos comecem no mesmo dia.

Se algum dos participantes da prática deixar de fazê-la, ou esquecê-la, mesmo que seja só por um dia deve parar e aguardar o próximo início do grupo ou iniciar uma nova prática individualmente. Isso não afetará em nada a prática dos demais participantes.

Quando, por qualquer motivo, interrompermos nossa prática, o dinheiro acumulado até então deve ser doado, nunca utilizado na nova série diária. É importante que tenhamos comprometimento nesse exercício, para que aumentem os benefícios que dele vamos obter.

A QUEM DOAR

NO FINAL DA prática, após os 42 dias, você poderá doar a quantia acumulada a uma instituição beneficente ou filantrópica, à sua igreja, à organização religiosa da qual faz parte, ou ainda – o que seria muito mais interessante e satisfatório – diretamente a alguém que você fique sabendo estar necessitado, no momento, de recursos financeiros.

Pode ser uma pessoa que encontre pelas ruas, ou sobre a qual venha a saber por um amigo ou conhecido, ou ainda alguém que esteja passando por necessidades básicas e para quem sua colaboração, embora humilde, seja de grande valia.

Não é necessário que conheça pessoalmente quem receberá sua doação; aliás, quanto mais despercebido você passar nesse ato, muito mais valor ele terá, e maior será a sua satisfação.

É desnecessário também explicar o motivo da sua doação; apenas contribua. Você estará colocando em movimento a energia positiva do dinheiro e uma das virtudes mais belas do ser humano: a fraternidade.

O SÍMBOLO

UMA DAS propriedades de um símbolo é representar, de forma subjetiva, por meio de um objeto, desenho, nome, figura e tantas outras coisas, uma ideia compreensível.

No nosso caso, o símbolo é uma estrela dentro de um círculo, com a letra P em seu centro. Esse símbolo, que denominamos "estrela da prosperidade", representa todo o processo que estamos iniciando e que, sem dúvida, será bem-sucedido.

A ideia, a certeza da prosperidade, tem que estar sempre presente no nosso dia a dia e, de várias formas, nos chamar a atenção, para se manter constantemente vibrante e atuante em nós.

Procure anotar esse símbolo em todos os lugares em que possa observá-lo durante o dia e que chamem sua atenção. Pode ser em seu automóvel, sua agenda, sua carteira, sua mesa de trabalho, além de uma infinidade de outros lugares que você decidir.

Isso fará você lembrar o dia todo da prosperidade integral e das mudanças de padrões mentais que estará fazendo.

A "estrela da prosperidade" tem seis pontas, e cada uma delas representa uma semana de prática, que, multiplicada por sete dias, totalizará então 42 dias.

O círculo ao redor representa a jornada que você fará rumo à prosperidade integral, simbolizada pela letra P no centro do símbolo.

Os símbolos em si não possuem nenhum poder mágico ou místico; só possuem a força que dermos a eles, ou seja, o que representam para nós é que influenciará nossa mente e, consequentemente, nossa vida.

MUDANDO
PARA MELHOR

NÃO IMPORTA qual seja a sua religião, pois não há nada neste livro que seja contrário a ela.

A prosperidade, a saúde, a paz de espírito e a felicidade são sentimentos que buscamos quando nos filiamos a uma organização religiosa. A prática proposta nesta obra visa trazer várias mudanças em sua maneira de pensar e, em decorrência, transformar antigos hábitos em algo positivo, o que vai ao encontro do objetivo de qualquer religião. Inclusive, tornando-se próspero em todos os sentidos, você poderá colaborar, e muito, com a sua igreja, seu centro espiritual, seu templo, sua ordem filosófica e, de forma direta, com seu próximo.

Tudo o que pudermos fazer para melhorar o planeta, o mundo, deve ser feito sem titubearmos, e, sem sombra de dúvida, a coisa mais importante que há nele é o ser humano.

Melhorando nossa qualidade de vida, sem sermos egoístas, estaremos contribuindo para a melhoria geral.

Agora, preste atenção, pois mais uma vez lhe afirmamos: esta prática funciona! Faça dela um hábito e repita-a quantas vezes quiser.

Seja um exemplo para todos, não só de prosperidade, mas também de honestidade, de amor e de respeito ao próximo.

Você merece ter tudo o que lhe torne uma pessoa mais próspera e realizada, e desejamos que consiga alcançar seus objetivos e seja muito, muito feliz. Que Deus o auxilie sempre. Boa sorte!

PARTE 2

PARTE 2

HUMBERTO PAZIAN

HOJE É O primeiro dia de sua prática e, antes de iniciá-la, anote seu nome e a data de hoje no espaço reservado na página seguinte.

Este livro será seu companheiro por muito tempo; trate-o com cuidado e carinho.

Você poderá seguir a ordem estabelecida ou abrir as páginas a esmo, desde que não as repita em um mesmo período de prática (42 dias). Para isso, você pode usar o quadro da página 151, fazendo um "x" na página escolhida, a lápis, para que não fique rasurada e você possa utilizar o quadro outras vezes.

Nome

_____

_____

Data

____ / ____ / ____

O OBJETIVO

Afirmação:

Meu objetivo será atingido;
as forças do universo estão
a meu favor!

PROSPERIDADE INTEGRAL - COM EXERCÍCIOS PRÁTICOS EM 42 DIAS

IMAGINE SE você tivesse uma grande caminhada para fazer a pé, a fim de atingir determinado local.

Com certeza, você levaria o mínimo de coisas necessárias, para não retardar seus passos e muito menos se cansar.

Mas, se lhe dissessem que o que você não levasse lhe seria tirado, ou seja, não seria mais seu, como ficaria, então, sua decisão?

Deixaria seus pertences para atingir mais rapidamente o local escolhido (o objetivo) ou esqueceria a caminhada e ficaria com seus bens, sem alterar nada? Nesse caso, a questão será: qual é a importância desse objetivo para você?

Quando temos uma meta, um objetivo a ser atingido, ele deve ser buscado intensamente por nós, deve ser visualizado sempre, e todas as coisas que possam retardar nossa marcha até ele devem ser revistas ou deixadas para trás.

Não esqueçamos que, se realmente queremos algo, devemos desejá-lo ardentemente e perseverar até o fim, acreditando em nossa força interior.

NÃO TENHA MEDO

Afirmação:

Sou forte, nada temo,
tudo enfrento e venço!

MEDO DO QUÊ? De quem?

Medo de arriscar?

Medo de tentar?

Medo de errar?

Medo do ridículo?

Medo de ficar sozinho?

Medo de morrer?

Medo de viver? Este parece ser o pior e o mais comum entre as pessoas.

Se, para você, o medo de viver não é algo tão distante, pare! Reflita! Por que ter medo? Se algo não der certo, tente novamente, tantas vezes quantas forem necessárias. Se fracassar, persista, não tenha medo do ridículo; lembre-se de que grandes mentes da humanidade foram ridicularizadas pelos seus contemporâneos, que se julgavam "donos da verdade".

Enfrente as coisas que você imagina temer e, como por milagre, observará que elas deixarão de ter poder sobre você.

SÓ COMENTE COISAS POSITIVAS

Afirmação:

Deus está em todas as coisas; vou procurá-Lo em tudo!

TODAS AS pessoas têm um lado bom e outro lado mau; costumamos dizer então que este último precisa ser trabalhado.

Todos, de uma forma ou de outra, lutam para tentar melhorar e evoluir e, mesmo que não admitam para os outros, sabem quais são seus defeitos e os conhecem muito bem.

Quando exaltamos o lado negativo das pessoas, além de não estarmos ajudando em nada, colocamo-nos em sintonia com ele (o aspecto negativo), ou seja, ficamos na mesma faixa mental.

Se quiser um experimento prático, observe como você fica e se sente após assistir aos noticiários de TV, ouvir o rádio ou ler o jornal, quando se referem aos crimes e toda a gama de problemas que nos transmitem.

Faça um teste hoje: procure não comentar nada que deprecie alguém ou alguma situação. Procure ver e comentar somente os aspectos positivos das pessoas e coisas a sua volta.

Será que você consegue?

LIMPEZA

Afirmação:

Sinto imensa alegria em doar algo a alguém!

PROSPERIDADE INTEGRAL - COM EXERCÍCIOS PRÁTICOS EM 42 DIAS

QUASE TUDO o que você tem e não usa muito pode ser doado.

Às vezes, ficamos atulhados de coisas que não mais utilizamos e que ficam inutilmente guardadas.

Façamos circular essa energia que está parada. Limpemos nossa casa, nosso escritório, nossa loja; desfaçamo-nos de roupas e utensílios que possam ser aproveitados por outras pessoas.

Mas lembre-se: não venda essas peças; elas devem ser doadas para que, por meio da Lei de Ação e Reação universal, você também receba, por incontáveis meios, a prosperidade integral.

Com o tempo, aprenderá a fazer também a limpeza mental e desentulhar de sua mente inúmeras lembranças que não servem para mais nada.

O desapego é um dos primeiros passos a serem dados por quem deseja prosperar e ser feliz.

SORRIA

Afirmação:

Sinto alegria em todas as coisas e situações; nada me irrita ou entristece.

JÁ REPAROU em alguém sisudo, que está sempre de cara feia, dando a impressão de que tudo anda mal com ele?

Quase ninguém gosta de estar perto de pessoas assim; todos arranjam uma desculpa para evitá-las, e os comentários a respeito delas são sempre os piores possíveis.

E alguém que está sempre sorrindo, passando-nos a impressão de que a vida é e deve ser alegre e divertida, e que nada deveria tirar-nos o prazer de viver? Quase todos procuram motivos para estar na sua presença e aproveitar seus "bons fluidos".

Sabe como fazemos para assumir essa postura? A princípio, é só mexermos alguns músculos da face, muito menos do que teremos de movimentar para ficarmos de "cara feia".

Mesmo que no momento não tenhamos motivos, vamos sorrir sempre, a cada gesto, a cada comentário, a cada instante e, com certeza, logo teremos motivos de sobra para justificarmos essa bela maneira de ser.

VIVA JÁ O QUE VOCÊ DESEJA

Afirmação:

Vivo já a saúde, a alegria
e a prosperidade integral.

TODA IDEIA criada em nossa mente, desejada, vivida e imaginada, em todos os seus mínimos detalhes, tende com o tempo a materializar-se ou tornar-se realidade. Imagine-se vivendo já seus objetivos e metas, sentindo-se como se já os tivesse conseguido.

Se for uma nova casa que almeja, comece a pesquisar a decoração e procurar os móveis que nela deseja colocar; imagine as plantas, as cortinas, e todas as coisas e objetos que gostaria que fizessem parte dela.

Se o seu desejo é um novo carro, sinta-se como se nele estivesse, escolhendo a cor, a potência, a marca, as viagens que com ele fará, o tipo do estofado e até os acessórios que quer nele.

Se for saúde que você deseja, não fique pensando em doenças, algumas das quais você talvez até tenha no momento; acredite firmemente que não mais as terá. Somente saúde e bem-estar estarão com você. Imagine-se alegre, com muita disposição, dando passeios e caminhadas descontraídas e alegres.

Se são roupas novas, ainda, o que você deseja, prepare seu guarda-roupa, doando as roupas usadas para sobrar lugar a fim de receber todas as novas peças que espera.

Se você acreditar realmente que terá o que deseja, já o estará possuindo.

O TRABALHO

O TRABALHO

Afirmação:

Trabalho com alegria
e entusiasmo.

PROSPERIDADE INTEGRAL - COM EXERCÍCIOS PRÁTICOS EM 42 DIAS

SE VOCÊ, no momento, está desempregado ou não está feliz com sua ocupação atual, não desanime; acredite que encontrará a atividade profissional ideal.

Mas, antes de sair por aí procurando, verifique se está aproveitando ao máximo seu potencial. Talvez esteja mais preocupado em reclamar "seus direitos" do que em fazer com amor aquilo que seria sua obrigação.

Procure fazer sempre um pouco a mais do que aquilo que é pago para fazer e não cobre nada por isso, nem comente.

Nós achamos que devemos receber por tudo o que fizermos, o que nem sempre acontece, e isso, muitas vezes, nos limita e bloqueia energias positivas que estariam a nosso favor.

Comece hoje mesmo a fazer seu trabalho, seja qual for, com bastante satisfação. Faça sempre algo mais, e seu chefe ou as pessoas que contrataram seus serviços ficarão satisfeitos com você. Pode ter certeza: você terá o retorno de forma próspera e positiva; o universo cuidará disso.

NÃO SE IRRITE

Afirmação:

Nada me irrita,
sou calmo e alegre.

PROBLEMAS NO trabalho, no trânsito, com o saldo bancário, com os filhos, os pais, o sócio, o empregado, o patrão, e aí por diante – tudo pode ser motivo de irritação.

Podemos nos irritar com tudo e com todos, a todo instante, e é o que costumeiramente fazemos, mas por quê? Irritando-nos, além de não mudarmos em nada os problemas, aceleramos as batidas cardíacas, aumentamos nossa pressão, envelhecemos mais rápido, ficamos rabugentos e diversos outros males nos acontecem.

Irritar-se de modo constante pode levá-lo ao estresse, e essa maneira de viver transformou-se num hábito para muitas pessoas, mas pode ser modificado; é só nos esforçarmos para isso.

Portanto, se algo incomodá-lo, deixe para lá, procure outras coisas que o distraiam e fique alegre; verá então que os motivos que o faziam irritar-se deixarão de fazer sentido.

TENHA UMA RELIGIÃO

Afirmação:

Com Deus, tudo posso!

TODOS OS caminhos levam a Deus. Se você não tem uma crença, é importante que procure conhecer as diversas religiões existentes e encontre uma que mais se adapte a sua maneira de pensar.

Não significa que você necessite de um intermediário para se comunicar com Deus; o que queremos dizer é que, sempre que nos isolamos, ou nos reunimos para estudar as verdades espirituais ou para orar, tornamo-nos um enorme ímã, atraindo vibrações e energias boas, positivas.

Utilizando o conhecimento adquirido por grandes mestres do passado, teremos uma indicação segura de qual caminho trilhar.

Procure uma religião ou filosofia em que não haja dogmas ou uma fé cega, mas, sim, concebida com a razão e o bom senso, e prospere espiritualmente.

PARTILHE SEUS BENS

Afirmação:

Sinto imensa alegria em partilhar com meu semelhante o que Deus me concede.

NÃO SEJA egoísta!

Partilhando seus bens com aqueles que não possuem as mesmas facilidades que você, estará também partilhando a alegria e a prosperidade com seus semelhantes, deixando, com isso, fluir energias positivas.

Você pode ter muito mais casas, objetos e bens do que possa usufruir e, como sabe, água parada e estagnada é fonte de micróbios e podridão.

Não estamos dizendo para abandonar suas coisas e permitir que os outros interfiram e tomem posse dos seus bens. O que estamos sugerindo é que usufrua deles, mas permita que outros também partilhem das suas posses, para que seja possível, por meio da Lei de Ação e Reação, retornarem-lhe vibrações de amor, alegria e prosperidade. Não se esqueça, ainda, dos bens espirituais que possui – tudo o que dissemos vale para eles também.

DESCANSE

Afirmação:

Relaxo e contemplo
a harmonia da vida!

PROSPERIDADE INTEGRAL - COM EXERCÍCIOS PRÁTICOS EM 42 DIAS

TIRE ALGUNS minutos do seu dia para fazer algo muito importante: nada. Isso mesmo, absolutamente nada.

Relaxe, respire fundo e deixe o pensamento vagar, ir aonde quiser (exceto aos problemas).

Pense em um lugar bonito e tranquilo, e imagine-se lá. Cochile alguns instantes, se tiver vontade, e depois observe como se sentirá.

Esses momentos são importantes para eliminarmos a tensão e concentrarmo-nos em nosso interior.

Sempre que possível, planeje passeios a lugares calmos, tranquilos, que lhe tragam paz, dos quais será muito útil se lembrar nos futuros momentos de relaxamento.

É DANDO QUE RECEBEREMOS

Afirmação:

Doo tudo o que posso
com alegria e desprendimento!

PROSPERIDADE INTEGRAL - COM EXERCÍCIOS PRÁTICOS EM 42 DIAS

A NATUREZA é um grande exemplo dessa lei: se semeamos, colhemos; se adubamos, tudo se realça e fica mais viçoso.

Assim também é com a vida; quanto mais dermos, seja em dinheiro, em amor, em amizade, em palavras de ânimo e conforto, mais receberemos de volta, de várias maneiras, por intermédio de múltiplos mecanismos da existência.

Tudo é uma questão de dar o primeiro passo e, depois de algum tempo, você estará auxiliando seu próximo de forma muito natural.

Experimente; você sentirá um grande prazer em auxiliar as pessoas. Sendo um canal de distribuição de bênçãos da natureza, por meio da Lei Divina, dará e receberá múltiplas vezes.

SEJA GRATO

Afirmação:

Agradeço a Deus pela vida
e por tudo o que ela me dá!

APRENDA A agradecer a tudo e a todos pelas pequenas gentilezas que recebe diariamente.

Saiba responder a um bom-dia com convicção e sinceridade, agradecer a um subalterno que lhe presta um serviço, a um colega de trabalho ou de estudo com quem você compartilha algo, a seu chefe ou mestre por lhe propiciar alguma oportunidade ou um novo aprendizado.

Além dos nossos semelhantes, temos a natureza, que nos reverencia em uma infinidade de detalhes: o sol, a chuva, o vento, o alimento, o ar que respiramos. E, para que essa lista não se estenda muito, agradeçamos sempre a fonte de tudo o que recebemos: Deus.

APRENDA COM OS TROPEÇOS

Afirmação:

Nada me aflige; tudo aproveito para meu aprimoramento interior!

QUEM JÁ NÃO se deu mal em algum empreendimento? Quem já não teve um relacionamento frustrado? Quem já não errou na vida, de uma maneira ou de outra?

Até pessoas consideradas "santas" já confessaram que erraram algum dia e que ainda têm muito que aprender. Portanto, se algo que tenha feito de errado o está incomodando, a ponto de torná-lo preocupado ou infeliz, aproveite esse "tropeço" para observar o que dele pode ser tirado de bom ou que lição deve aprender, e siga em frente.

São essas experiências consideradas dolorosas que, quando bem aproveitadas, fortalecem nossa personalidade e nos ajudam a criar um futuro mais firme e promissor.

BOAS LEITURAS

Afirmação:

Tudo leio, mas retenho somente o que é bom!

ELIMINE O hábito de ler notícias desagradáveis e pessimistas, sobre tudo e todos.

Há revistas e jornais que são especializados nisso, enfocando todas as notícias por uma ótica negativa e, quando fazemos desse tipo de leitura um hábito, alimentamos nossa mente com essas vibrações nocivas, vibrando em pouco tempo na mesma intensidade.

Se procurar, encontrará as mesmas notícias, porém vistas de uma forma mais positiva ou, pelo menos, mais neutra, deixando a opção da interpretação individual. Além do mais, existem vários assuntos aos quais não devíamos dar nossa atenção.

Crie espaço em seu dia para boas leituras, bons livros, que lhe transmitam pensamentos elevados e construtivos.

PROBLEMAS

Afirmação:

Com a ajuda divina,
todos os meus problemas
são resolvidos.

PROSPERIDADE INTEGRAL - COM EXERCÍCIOS PRÁTICOS EM 42 DIAS

NÃO SE DESESPERE; há sempre uma solução para todas as coisas! As situações, às vezes, nos aparecem de maneira amedrontadora, fazendo-nos sentir medo e insegurança.

Lembre-se de momentos de sua vida em que passou por problemas e aflições que acabaram, por si sós, se solucionando.

Se no momento algo o incomoda, não desanime, pois não vai ser diferente das outras vezes. Esse problema também será resolvido a qualquer momento, de um modo ou de outro.

Acredite no poder divino: tudo será resolvido da melhor maneira possível, seja qual for a sua dificuldade.

INDECISÃO

Afirmação:

Faço tudo no momento certo, segundo meus conhecimentos e minha intuição.

PROSPERIDADE INTEGRAL - COM EXERCÍCIOS PRÁTICOS EM 42 DIAS

O QUE FOI? Está indeciso por alguma coisa?

Algo em particular que merece sua decisão não lhe sai da cabeça?

Você terá sempre dois caminhos: ir ou ficar; fazer ou não fazer; dizer sim ou não, e pronto!

Usando uma expressão popular, não "empurre com a barriga" suas decisões com relação aos problemas, senão eles se acumularão e vão sobrecarregá-lo.

Procure analisar cada situação de forma criteriosa e sincera, e depois tome uma decisão com a certeza de que fez o melhor. Após fazer isso, não se preocupe mais.

Imagine se deixássemos para depois todas as decisões que tivéssemos de tomar, nas mínimas coisas do nosso dia, Dá até para sentir a grande bagunça e desordem que seria.

Não posterguesuas decisões; livre-se da dúvida e viva mais leve e mais feliz.

REFLEXÃO

Afirmação:

Vivo intensamente,
em paz e com alegria!

PROSPERIDADE INTEGRAL - COM EXERCÍCIOS PRÁTICOS EM 42 DIAS

RESERVE ALGUNS momentos, todos os dias, para refletir sobre a vida – não só sobre a sua, mas a vida em geral.

Independentemente de as divergências dos diversos credos religiosos indicarem- -nos para onde vamos após a morte, com uma coisa todos concordamos: um dia chegará nossa hora.

A reflexão sobre esse momento não nos deve trazer tristeza; ao contrário, deve fazer-nos pensar melhor sobre os fatos da vida e a atenção que devemos dar a muitos detalhes até então relegados.

Em cada dia, existem inúmeras situa- ções para proporcionar-nos momentos de felicidade e alegria. Reflitamos sobre isso e procuremos viver um dia por vez, mas com muita intensidade.

CURTA-SE

Afirmação:

Adoro meu jeito de ser;
adoro a vida!

POR ACASO, está se sentindo muito magro ou gordo demais? Umas ruguinhas já estão aparecendo, a barriguinha realçando, e os seus cabelos já não são os mesmos? Não entre nessa; pare já de se preocupar com essas bobagens!

Quando nos sentimos belos por dentro, essa energia irradia-se de tal forma, que assim também nos tornamos em nosso exterior.

Aprenda a gostar de você. Dedique, todos os dias, alguns momentos para si mesmo. Fique mais tempo no banho, faça exercícios, procure alimentar-se saudavelmente e use um vestuário que o faça sentir-se bem.

Não precisa esperar emagrecer ou engordar para ser feliz; nós sempre ansiaremos por algo mais. Portanto, não espere mais nada. Tenha certeza: a beleza já está em seu interior; irradie-a a todos e curta-se.

QUEBRE A ROTINA

Afirmação:

Faço sempre algo diferente; torno minha vida mais interessante!

VOCÊ NÃO está cansado de todo dia fazer tudo da mesma maneira?

O mesmo horário para levantar, o mesmo trajeto até o trabalho, os mesmos afazeres, a mesma novela, e o repouso, preparando-se para um novo dia, para fazer tudo igual novamente.

Dê um basta nisso! Mude sua vida.

Pequenas alterações já serão suficientes para dar-lhe um novo ânimo.

Mude seus roteiros, verifique quanta coisa nova há para você observar. Passeie na hora do seu almoço ou lanche, veja um bom filme no vídeo, vá ao cinema, ao teatro ou saia com os amigos.

Quebre a rotina, há muito na vida esperando por você.

AME

Afirmação:

Amo a vida e tudo o que ela representa para mim!

ALGUMAS PESSOAS acham que amor é apenas a atração que um ser humano sente por outro, mas nós sabemos que ele é muito mais abrangente.

O amor é uma expressão divina e, por isso, permeia todo o espaço e tudo o que existe.

Para estarmos em harmonia com esse sentimento, procuremos dar afeto e atenção a todas as pessoas que convivem conosco, em nossa casa, no trabalho, na vida social, enfim, a todos aqueles que cruzarem nossos caminhos.

Não devemos nos esquecer de que tudo o que existe deve ser objeto de nosso amor: os animais (nossos irmãos menores da criação), as plantas, as dádivas da natureza, o alimento que consumimos, a água, enfim, o próprio universo.

Ame tudo e todos.

DÊ SEM PEDIR RECOMPENSA

Afirmação:

Partilho tudo o que tenho com grande satisfação!

JÁ OUVIU alguém dizer esta frase: "Quando eu ganhar na loteria, ajudarei muita gente. Vou fazer isto, vou fazer aquilo, e tantas outras coisas"?

Aguardam a sorte grande e, enquanto ela não sai (o que ocorre na maioria das vezes), não ajudam ninguém, pois, no momento, sentem-se impossibilitados.

Qualquer observador atencioso verificará, na natureza, a Lei de Ação e Reação, ou a Lei de Causa e Efeito. Os místicos e espiritualistas a conhecem como Lei do Carma.

Todo ato nosso terá uma compensação na mesma medida. Se nada fizermos por alguém, nada teremos de volta; mas, seja o que for que realizarmos, mesmo um pequeno auxílio, a vida nos dará em retorno.

É bom lembrar que tudo, mas tudo mesmo, nos foi dado por Deus. Saibamos partilhar!

ACREDITE NO BEM

Afirmação:

Só acredito no bem!

ALGUMAS VEZES, as circunstâncias nos impelem a pensamentos destrutivos e maus.

Por mais força que essas ideias tenham no momento, reflita: o sentimento de ódio ou vingança, na decisão que quer tomar, lhe trará paz de espírito?

Pequenos atos do nosso dia a dia são decisões tomadas, às vezes, por motivos vingativos e, se observarmos suas consequências, verificaremos que o problema se agravou, em vez de ser solucionado.

Procure pagar o mal com o bem, a injúria com o perdão, a ofensa com um sorriso, e verificará uma proteção invisível afastando-o, livrando-o de todo o mal.

NÃO CRIE DESGRAÇAS

Afirmação:

Espero só coisas alegres e saudáveis!

SE VOCÊ guardar grande quantidade de analgésicos, esperando o momento em que terá dor de cabeça, já estará criando, em sua mente, a dor e a necessidade de usá-los.

É claro que, em alguns momentos, esses remédios são necessários, mas ficar enchendo gavetas com a certeza de que vai necessitar deles é bem diferente.

Da mesma forma, existem pessoas que poupam uma determinada quantia por mês, não para ser usada em algo proveitoso e saudável no futuro, mas, sim, aguardando uma provável desgraça, para a qual seja necessária. Ficam aguardando e criando mentalmente algo desagradável que lhes possa acontecer.

Temos que ser responsáveis, e uma reserva financeira sempre será muito importante, mas daí a ficarmos esperando algo desastroso é muito diferente.

Acredite, crie mentalmente situações favoráveis e saudáveis, e é exatamente isso que você terá!

FAÇA UMA BOA AÇÃO

Afirmação:

Procuro sempre uma
oportunidade para ser útil.

AJUDAR UMA pessoa idosa ou um deficiente físico a atravessar uma rua virou exemplo de boa ação, mas todos sabem que esta não se resume a isso.

Existem inúmeras oportunidades, em nosso dia a dia, de prestarmos algum serviço e sermos úteis ao semelhante ou a qualquer ser da natureza.

Crie o hábito de todo dia realizar pelo menos uma boa ação.

Você observará a alegria que isso lhe proporcionará e, com o tempo, com toda a certeza, todas as suas ações serão focalizadas no bem-estar geral.

SAIBA ANDAR

Afirmação:

Ando com tranquilidade,
em paz e harmonia!

NA CORRERIA desenfreada em que a vida moderna tem transformado nossas vidas, acabamos correndo de um lado para outro, pensando sempre no próximo compromisso, sem observarmos, aproveitarmos e vivermos o momento presente.

Adquira o hábito de andar calmo e tranquilo, procurando enxergar tudo à sua volta, sentindo os aromas e ouvindo os sons da natureza que, mesmo no turbilhão da cidade, se encontram presentes.

Aproveite todas as possibilidades de viver intensamente seus momentos de vigília, utilizando ao máximo todos os sentidos que Deus lhe facultou.

SAIBA VER

Afirmação:

Só vejo o belo e o retenho!

A CADA DIA, desde o momento em que despertamos até o de fecharmos os olhos para o descanso noturno, milhares de imagens chegam ao nosso cérebro.

Apenas algumas dessas imagens fixam-se e permanecem em nossa mente; umas de maneira agradável, outras não.

O belo existe em todas as coisas, é apenas questão de treinamento para que o sintamos.

Procure o belo em tudo o que você observar, mas procure mesmo, porque ele existe em tudo. Achando-o, retenha-o na mente, para que o arquivo de sua memória transforme-se num imenso e belo jardim.

SAIBA OUVIR

Afirmação:

Ouço tudo e todos;
só retenho o que é bom!

SABER OUVIR é uma grande qualidade, e não se trata apenas de apreciar boa música.

Com a enorme quantidade de informações que nos chegam a cada instante, é necessário que saibamos o que reter em nosso íntimo.

As notícias nos chegam às vezes deturpadas e incompletas, e isso faz com que tenhamos um julgamento irreal dos fatos.

Ouça, reflita e retenha somente aquilo que lhe seja útil e positivo.

Com o tempo, isso se processará habitualmente, sem que você necessite se esforçar.

A PALAVRA

Afirmação:

Só comento o que
é justo, perfeito e belo!

UM DOS MEIOS de exteriorizarmos nosso mundo interior, e, consequentemente, atrairmos vibrações semelhantes, é a palavra; ou seja, o que dissermos, durante nosso dia a dia, criará condições que nos afetarão diretamente.

Se não conseguirmos, portanto, dizer coisas alegres e otimistas a respeito das pessoas e fatos que nos cercam, melhor será ficarmos calados.

Não é necessário deixar de opinar sobre os assuntos que nos cercam; o que precisamos é não exagerar nos comentários depreciativos, que, aliás, são muito comuns.

Vigie suas palavras e faça delas um instrumento que irradiará força, otimismo, alegria e entusiasmo a tudo e a todos, e terá o equivalente retorno por meio das Leis Divinas.

RELACIONAMENTOS

Afirmação:

Convivo com pessoas alegres e otimistas!

PROCURE SEMPRE a companhia de pessoas alegres e otimistas; isso vai ajudá-lo a mudar seu "astral".

As pessoas tendem a unir-se em grupos e amizades com o mesmo tipo de tendências. Vemos isso em vários setores: futebol, música, arte etc.

Existem grupos ligados ao negativismo, vendo tudo de maneira derrotista, sem nenhum entusiasmo pela vida. Fuja deles!

Em ambientes alegres e descontraídos, você encontrará pessoas que estarão em sintonia com eles. Faça parte desses grupos e carregue sempre sua bateria mental com bons relacionamentos.

AUTOCONFIANÇA

Afirmação:

Posso fazer tudo aquilo
em que acredito!

ACREDITE QUE você pode fazer tudo aquilo em que realmente acreditar.

Pare de depender dos outros. Em seu interior existem forças poderosas, que atrairão tudo o que você realmente quiser.

Temos exemplos notáveis na história da humanidade: Beethoven era surdo; contudo, você já ouviu alguma de suas sinfonias? Henry Ford não nasceu em berço esplêndido, tendo apenas uma riqueza: a autoconfiança, e provou isso ao mundo.

Você conhece alguém que tenha começado do nada e conseguido grandes realizações? Não? Ótimo, motive-se e seja você mesmo o exemplo para milhares de pessoas!

ESQUEÇA O PASSADO

Afirmação:

Vivo o momento
em paz e alegria!

QUANDO RECORDAMOS o passado, a maioria dos fatos que nos vêm à mente é constituída de coisas desagradáveis. Geralmente dos momentos felizes esquecemo-nos facilmente e, se porventura deles nos lembramos, sentimos tristeza por não mais tê-los.

Quando lembramos algo desagradável, temos as mesmas sensações daquele momento, talvez tristeza, desarmonia, sofrimento; e trazemos para o presente as mesmas sensações, dando com isso, novamente, vida a elas.

Portanto, desnecessário seria dizer: não comente nem viva o passado.

Existem pessoas que passam toda uma vida remoendo-se e choramingando por algo que lhes aconteceu em um passado muito remoto.

Aprecie o momento presente; você está deixando de viver situações maravilhosas, e terá bastante tempo ainda para vivenciar muitos momentos felizes.

Cada momento é uma nova oportunidade de vivermos em paz e harmonia. Comece agora!

SEJA SAUDÁVEL

Afirmação:

Sinto-me saudável
em todos os aspectos!

PROSPERIDADE INTEGRAL - COM EXERCÍCIOS PRÁTICOS EM 42 DIAS

CRIE UMA imagem positiva a seu respeito, imaginando-se do jeito que gostaria de ser, e comece a sentir-se dessa maneira.

Procure criar hábitos saudáveis; se você fuma ou bebe demais, procure diminuir aos poucos e, utilizando o processo de criação mental, visualize-se são, dessa forma eliminando completamente esses vícios.

A saúde também é um estado mental, e todos nós conhecemos casos de pessoas que, com fé e determinação, livraram-se de doenças consideradas até então "incuráveis".

Procure ler e aprender sobre temas relacionados a alimentação, respiração e exercícios físicos, e crie seu próprio modo de viver e sentir a vida.

USE O MELHOR

Afirmação:

Utilizo o que há de melhor
à minha disposição!

PROSPERIDADE INTEGRAL - COM EXERCÍCIOS PRÁTICOS EM 42 DIAS

NÃO TENHA receio de usar boas roupas, ter um bom carro ou uma boa aparência por causa do "olho gordo".

Viva com o que de melhor a vida pode lhe oferecer, e espere sempre mais.

Faça uma limpeza em seu guarda-roupa, doando as peças que você está usando há um bom tempo, e deixe o espaço livre, aguardando as novas que virão a você.

Deve existir muita coisa a que você se apega e fica usando até o "osso", e com isso não permite que a energia circule e que novas coisas cheguem até você.

Sinta-se próspero e tenha a certeza de que, quanto mais se preparar, mais a vida lhe proporcionará benefícios.

SAIBA AONDE QUER CHEGAR

Afirmação:

Caminho firme e determinado em direção a meus objetivos!

PROSPERIDADE INTEGRAL - COM EXERCÍCIOS PRÁTICOS EM 42 DIAS

JÁ SAIU POR aí caminhando sem nenhum destino? Você deve ter andado bastante sem ter chegado a lugar algum, o que é evidente.

Embora possamos dar essas caminhadas para nosso relaxamento e distração, na vida, andar sem rumo certo não nos traz os mesmos benefícios.

Às vezes, acordamos, comemos, trabalhamos e voltamos a dormir sem nenhum objetivo, sem querermos chegar a lugar algum.

É claro que, muitas vezes, a ansiedade de alcançar algumas metas pode nos estressar, porém, sem meta alguma, temos a inércia, que é muito pior.

Mantenha sempre presente em sua mente seus objetivos e, sem pressa ou correria, caminhe para eles, podendo, durante o percurso, parar e descansar; entretanto, nunca os perca de vista.

Lembre-se: tenha um grande objetivo em sua vida, mas crie etapas intermediárias para chegar até ele.

PERDOE

Afirmação:

Assim como Deus
perdoa meus erros,
também a todos perdoo!

PROSPERIDADE INTEGRAL - COM EXERCÍCIOS PRÁTICOS EM 42 DIAS

DEUS PERDOA constantemente nossos erros, pois conhece nossas limitações e nossa ignorância perante Suas leis.

Acredito que todos nós gostaríamos de acertar sempre, mas os erros fazem parte do aprendizado e, se somos perdoados de todas as nossas falhas, e novas oportunidades recebemos a cada dia, por que não perdoarmos também nossos semelhantes dos erros que cometem contra nós, dando-lhes novas oportunidades?

Perdoar, incondicionalmente, não é sempre tão fácil, isso é uma verdade, mas podemos começar por não criticar nossos semelhantes, ou não lhes desejar mal, procurando aos poucos esquecer as ofensas. Depois disso, rezar por eles ficará muito mais fácil, e essa atitude mental criará em nós uma atmosfera de paz e harmonia, que muito nos auxiliará.

Você verá que após agir dessa maneira ficará bem mais fácil meditar, orar a Deus e, consequentemente, pedir perdão pelos seus erros e perdoar os erros alheios.

NÃO SE DEIXE AFETAR

Afirmação:

Irradio otimismo e paz!

NÃO IMPORTA onde você viva ou trabalhe, o ambiente não o deve prejudicar.

Mesmo que o local em que passa a maior parte do seu dia seja considerado negativo, você pode isolar-se mentalmente, criando uma proteção vibratória que manterá, por meio da meditação e criação mental, um ambiente saudável só para você.

Se a presença de pessoas negativas e desarmoniosas for constante, então, antes de se levantar, pela manhã, ore por elas, pedindo a Deus que também descubram essa maneira mais alegre e próspera de viver.

Se o ambiente não estiver de acordo com o padrão vibratório que julgar necessário, procure mudá-lo. Você pode!

CRÍTICAS

Afirmação:

Estou continuamente
mudando para melhor!

NEM TUDO É somente elogios. Recebemos, constantemente, críticas de todos os lados e de todas as maneiras.

Há críticas que são destrutivas. Estas não nos auxiliam em nada; ao contrário, por serem feitas por pessoas invejosas e mesquinhas, devem ser deixadas de lado; não devemos dar a elas a mínima atenção.

Há, entretanto, críticas feitas por pessoas interessadas em nosso bem-estar e progresso. São criteriosas e ponderadas, e estas, sim, devem ser analisadas e aproveitadas em nosso modo de ser e sentir.

Antes, então, de refutar uma crítica, analise de onde e de quem ela procede, e só depois veja se deverá ou não ser aproveitada.

As críticas são como espelhos, onde vemos refletidos os resultados de nosso modo de agir e pensar.

PERSEVERANÇA

Afirmação:

Jamais desanimo;
com a ajuda divina,
tudo consigo!

VOCÊ JÁ DEVE ter ouvido aquela história do homem que resolveu atravessar a nado um grande lago e, depois de ter vencido mais da metade do trajeto, cansou-se e voltou, nadando até o início.

Embora seja engraçado, é o que acontece conosco na maioria das vezes. Colocamos um objetivo em nossa mente, lutamos e trabalhamos muito para alcançá-lo; quando já estamos bem perto de consegui-lo, algo acontece e desistimos, deixando tudo o que fizemos para trás e voltando ao ponto de partida.

Somente pessoas que acreditam em Deus e em si mesmas conseguem ir até o fim, alcançando e cumprindo seus objetivos.

Seja forte, persista, jamais desanime ou desista. Você vai conseguir tudo o que queira e almeje!

NÃO GASTE MAIS DO QUE GANHA

Afirmação:

Tudo o que desejo
virá a seu tempo!

PROSPERIDADE INTEGRAL - COM EXERCÍCIOS PRÁTICOS EM 42 DIAS

UMA COISA É você acreditar que vai prosperar, ter muito dinheiro e gozar a vida com menos preocupações; outra, bem diferente, é você sair por aí comprando tudo o que vê pela frente, acabando por se atolar em um amontoado de dívidas.

Usemos o bom senso: se você vai prosperar, se acredita realmente nisso, o processo já se iniciou, e, se for alimentado constantemente pelos seus pensamentos, logo será uma realidade; então, todas as coisas que desejou e criou mentalmente virão até você.

Saibamos, pacientemente, aguardar o momento certo.

A FORÇA DO PENSAMENTO

Afirmação:

Sou saudável, próspero e feliz!

PROSPERIDADE INTEGRAL - COM EXERCÍCIOS PRÁTICOS EM 42 DIAS

TUDO PODE aquele que acredita em si! Você pode criar mentalmente tudo aquilo que desejar para si e para os outros.

Nosso pensamento é uma das forças poderosas que Deus nos concedeu para melhorarmos nossas vidas e, consequentemente, coisas e pessoas à nossa volta.

Com certeza, você já teve inúmeras oportunidades de comprovar o que estamos dizendo.

Se nossos pensamentos e criações mentais forem sempre de situações positivas, alegres, prósperas, saudáveis e felizes, será tudo isso que encontraremos em nossos caminhos.

SEJA FELIZ

Afirmação:

A felicidade está em mim!

PROSPERIDADE INTEGRAL - COM EXERCÍCIOS PRÁTICOS EM 42 DIAS

ALGUMAS PESSOAS têm até medo de dizer que são felizes, pois acham que, se assim se manifestarem, vão se envolver com energias ruins devido à inveja de algumas pessoas, e que algo ruim lhes acontecerá, trazendo-lhes aborrecimentos.

Se assim pensam, com certeza, assim lhes acontece.

Embora muito se fale em destino e carma, é bom que se lembre de que somos nós que construímos ou criamos nosso futuro e, se estamos felizes no momento, sem dúvida não é por descuido divino.

Curta a felicidade agora, procurando-a na infinidade de motivos que certamente você possui. Nas mínimas coisas encontrará, se quiser, motivos de prazer e de alegria.

Seja feliz, agora e sempre; afinal, você merece!

QUADRO DE PRÁTICA

1	2	3	4	5	6	7
página 64	página 66	página 68	página 70	página 72	página 74	página 78
8	**9**	**10**	**11**	**12**	**13**	**14**
página 80	página 82	página 84	página 86	página 88	página 90	página 92
15	**16**	**17**	**18**	**19**	**20**	**21**
página 94	página 96	página 98	página 100	página 102	página 104	página 106
22	**23**	**24**	**25**	**26**	**27**	**28**
página 108	página 110	página 112	página 114	página 116	página 118	página 120
29	**30**	**31**	**32**	**33**	**34**	**35**
página 122	página 124	página 126	página 128	página 130	página 132	página 134
36	**37**	**38**	**39**	**40**	**41**	**42**
página 136	página 138	página 140	página 142	página 144	página 146	página 148

PARA VIVER BEM
Humberto Pazian

Meditações
Formato: 7,7x11,7cm
Páginas: 224

Fonte de pensamentos e reflexões que ajudam a superar momentos difíceis, Para Viver Bem... é leitura que acalma e dá ânimo novo. Pequeno no formato, é um livro que reserva grandes alegrias para aqueles que folheiam suas páginas. Em caso de desânimo, dúvida ou revolta, não perca tempo! Leia Para Viver Bem... e descubra que o essencial está ao seu alcance: por maior que seja a dificuldade, nada resistirá ao seu desejo de ser feliz.

 www.boanova.net

 www.facebook.com/boanovaed

 www.instagram.com/boanovaed

 www.youtube.com/boanovaeditora

Preces Espíritas do Evangelho
Allan Kardec - tradução de Salvador Gentile

Preces | 9x13 cm | 80 páginas

Os espíritos não prescrevem nenhuma fórmula absoluta de preces; quando as dão é para fixar as ideias e, sobretudo, para chamar a atenção sobre certos princípios da Doutrina Espírita. É também com o objetivo de vir em ajuda das pessoas que têm dificuldades para expressar suas ideias, porque existem as que não creem ter realmente orado se seus pensamentos não foram formulados.

O VALOR DA VIDA

SUPERANDO O MEDO DE VIVER

HUMBERTO PAZIAN

Por que a vida? Através desta interrogação o autor aborda um tema tão misterioso quanto a própria existência: o suicídio. O que leva o ser humano dotado de inteligência a abandonar, de livre e espontânea vontade, a vida? Será o apego a um mundo material ilusório? Fuga? Desespero? Quais são as consequências do seu ato? Nesta obra, momentos de aflição e tristeza são trazidos à luz da compreensão através de uma séria reflexão baseada na Codificação Espírita e no Evangelho do mestre Jesus.

LIGUE E ADQUIRA SEUS LIVROS!

Catanduva-SP 17 3531.4444 | boanova@boanova.net

R O M A N C E

NUNCA É TARDE PARA PERDOAR

HUMBERTO PAZIAN

16x23 cm | 144 páginas

França, 1763. Filho único do conde Arnaldo D´Jou, Felipe retorna à pátria depois de sofrer amarga derrota nos campos de batalha da Inglaterra. A caminho dos domínios do pai, não sabe que vai ao encontro do seu passado... Embriagado pela beleza e pelo encanto de Celine, Felipe deixa-se dominar pela paixão. A linda jovem, filha de um cigano foragido, nega-se a se entregar ao guerreiro, que não aceita a recusa. O ódio de Felipe, então, contamina o ambiente da estalagem onde se encontram, abrindo suas portas para espíritos violentos e vingadores... Agora, tudo pode acontecer: Felipe e Celine, além de outros afetos e desafetos, reencontram-se para entender que nunca é tarde para perdoar.

Boa Nova Catanduva-SP | 17 3531.4444 | boanova@boanova.net

PEDI E OBTEREIS

Allan Kardec | Tradução de J. Herculano Pires

Esta obra não é um formulário absoluto, mas sim uma variedade entre as instruções que dão os Espíritos. É uma aplicação dos princípios da moral evangélica, um complemento aos seus ditados sobre os deveres para com Deus e o próximo, onde são lembrados todos os princípios da Doutrina.

12x18 cm | 96 páginas
Preces Espíritas

Entre em contato com nossos vendedores
e confira as condições:

Catanduva-SP 17 3531.4444
boanova@boanova.net | www.boanova.net

A BUSCA

Cleber Galhardi

Juvenil
Formato: 16x23cm
Páginas: 96

Dinho é um menino inteligente e carinhoso que mora em um lar para crianças. Nesse lar, ele tem muitos amigos; juntos, estudam e aprendem lições de vida. Seu grande sonho é conhecer seus pais e constituir uma família. O menino quer descobrir sua história para, enfim, desfrutar do mais nobre sentimento que nutre as pessoas: o amor. Embarque nessa viagem e deixe-se emocionar por uma história repleta de surpresas, que nos faz refletir sobre o verdadeiro valor de se ter uma família.

 www.boanova.net

 www.facebook.com/boanovaed

 www.instagram.com/boanovaed

 www.youtube.com/boanovaeditora

Entre em contato com nossos consultores e confira as condições.
Catanduva-SP 17 3531.4444 | boanova@boanova.net

Ideias que transformam

Cleber Galhardi

Ideias são componentes essenciais para guiar nossa existência; elas podem nos libertar ou nos manter aprisionados.
Ideias salutares têm o poder de nos transformar e mudar nossa vida. Sem impor verdades absolutas, Ideias que Transformam convida o leitor à reflexão e a buscar novas formas de enxergar o mundo e a si mesmo.

Mensagens | 9x13cm | 192 páginas

Boa Nova Catanduva-SP | 17 3531.4444 | boanova@boanova.net

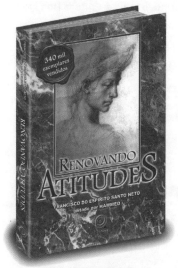

RENOVANDO ATITUDES
Francisco do Espírito Santo Neto/Hammed
Filosófico | 14x21 cm | 248 páginas | ISBN 978-85-99772-61-4

Elaborado a partir do estudo e análise de 'O Evangelho Segundo o Espiritismo', o autor espiritual Hammed afirma que somente podemos nos transformar até onde conseguirmos nos perceber. Ensina-nos como ampliar a consciência, sobretudo através da análise das emoções e sentimentos, incentivando-nos a modificar os nossos comportamentos inadequados e a assumir a responsabilidade pela nossa própria vida.

Conheça mais a Editora Boa Nova

 www.boanova.net

 www.facebook.com/boanovaed

 www.instagram.com/boanovaed

 www.youtube.com/boanovaeditora

Instituto Beneficente Boa Nova
Entidade coligada à Sociedade Espírita Boa Nova
Av. Porto Ferreira, 1.031 | Parque Iracema
Catanduva/SP | CEP 15809-020
www.boanova.net | boanova@boanova.net
Fone: (17) 3531-4444